Este libro está dirigido a las chicas
y chicos que atraviesan una etapa
del crecimiento que será única,
especial y a la vez difícil:
la pubertad.

Me pasan cosas... y las quiero entender

es editado por: EDICIONES LEA S.A.

Av. Dorrego 330 C1414CJQ, Ciudad de Buenos Aires, Argentina.

Web: www.edicioneslea.com

E-mail: info@edicioneslea.com

ISBN: 978-987-1257-93-5

3ra reimpresión

Esta edición se termino de imprimir en

julio de 2022 en 4 colores S.A. Buenos Aires, Argentina

Guzmán, Alicia
  Me pasan cosas... : y las quiero entender . - 1a ed.
  3a reimp. - Buenos Aires : Ediciones Lea, 2022.
  48 p. ; 24x17 cm. - (Conocernos; 2)

  ISBN 978-987-1257-93-5

  1. Educación Sexual. I. Título
  CDD 372.372

Me pasan cosas...
y las quiero
entender

Educación sexual para chicos y chicas de 10 a 14 años

Lic. Alicia Guzmán
Ilustraciones: Petisuí

Contenido

Crezco   página 7

Los cambios   página 8

He aquí la pubertad   página 10

¿Por qué todos estos cambios?   página 12

Las hormonas   página 19

Si eres una chica...   página 21

Los pechos   página 22

El vello   página 26

Genitales externos   página 28

¿Por qué se produce la menstruación?   página 29

Higiene íntima   página 32

¡Varones!   página 33

Poluciones nocturnas   página 36

Higiene íntima   página 37

La masturbación   página 38

Cuidarse...   página 41

Alimentos   página 42

Cuidados   página 44

Higiene   página 46

Palabras finales   página 47

Crezco

Tu cuerpo y tu mente hacen que seas un ejemplar único, distinto y a la vez parecido a otros chicos y chicas de tu edad. Distinto porque tu manera de mirar, la forma de tus rulos, tus carcajadas, tu nariz, tus lunares y demás detalles físicos junto a tu historia familiar, tus gustos personales, tus amigos y todo lo que te rodea, hacen que seas una persona diferente a todas. Nadie en el mundo es igual a ti, aunque tengas un hermano gemelo. Al mismo tiempo, por dentro, todos los seres humanos somos parecidos: tenemos sangre, la misma cantidad de huesos, músculos y sistemas de órganos.

Los cambios

Desde que naciste, tu cuerpo está cambiando todo el tiempo.
Acuérdate de cuando ibas a un negocio y no llegabas
al mostrador. Y de cuando te parabas en puntas de
pie para poder abrir la puerta. Ahora ya no
tienes que subirte arriba de un banquito
para cepillarte los dientes ni te parece
tan lejana la cabeza de los adultos
que te rodean. Además, ¿has
visto que hay muchas situaciones
donde te arreglas en forma
más independiente, sin
pedir ayuda? Y todo eso
¿por qué? ¡Porque estás
creciendo!

Vamos a hablar de un período de tu vida en el que los recuerdos de la niñez están todavía muy presentes y se juntan con un montón de sensaciones nuevas.

Las transformaciones te sucederán por dentro y por fuera, algo que no va a parar hasta que seas un ser adulto hecho y derecho.

¿Y qué se puede hacer para que este cuerpo crezca sano, fuerte y funcione en forma adecuada? Hay que ayudarlo con alimentos, cuidados, deportes, higiene, viviendo experiencias agradables y disfrutando de la vida.

¡He aquí la pubertad!

La etapa de la que vamos a hablar en este libro es la que va de los 10 hasta los 13 ó 14 años y se llama pubertad.

¿Qué es la pubertad?

¿Aparece de repente? ¿Duele?

¿Es igual en las chicas y en los chicos?

¿Por qué en un mismo curso hay chicos de apariencia tan distinta?

¿Cuándo empiezan a crecer los pechos?

¿Y la barba?

¿Qué son las poluciones nocturnas?

¿Es necesario que aparezca semejante cantidad de granitos?

¿Qué está pasando con mi voz?

¿Por qué mi mejor amiga ya tuvo su primera menstruación y yo todavía no?

¿Los adultos entienden algo de lo que me está pasando?

Seguramente se te han ocurrido éstas y muchas preguntas más, ya que se trata de una etapa llena de interrogantes, angustias y desconcierto. Vamos a ir abordando los temas que se relacionan con la pubertad, que en principio parece definir lo que no se es: ni niño ni adolescente. Sos un o una púber, es decir alguien a quien le están sucediendo grandes cambios, tanto físicos como mentales.

Crecemos y a veces les cuesta a los otros

¿Por qué todos estos cambios?

Porque la naturaleza está preparando a tu cuerpo para transformarte de niño en adulto, con dos etapas intermedias que son la pubertad y la adolescencia. Desde el punto de vista biológico, todo lo que te ocurre tiene una misma razón principal: la naturaleza te dispone para que en el futuro, cuando tu cuerpo y tu mente completen su desarrollo, tengas la posibilidad de reproducirte y perpetuar la especie. Esto es algo que tiene todo ser vivo, desde el bichito más humilde hasta los humanos: instinto de reproducción. La diferencia con los animales es que los humanos elegimos, amamos, soñamos y planeamos. Pero no sólo se trata de estirones y transformaciones físicas.

También eres parte de una sociedad en la que aprendes cosas nuevas, te relacionas con otros y creces como persona.

Explicaremos lo que les ocurre tanto a chicos como a chicas. Verás que es interesante enterarse también de lo que le pasa al otro sexo. Toda la gente que conoces, absolutamente toda, vivió la pubertad y atravesó esta etapa con mayor o menor dificultad. Un (o una) púber tendrá que adaptarse a las novedades que ya mencionamos, y despedirse poco a poco de la niñez. Y no es que tengas que estar todo el tiempo pensando en eso. Los cambios forman parte de tu vida cotidiana pero a veces, cambias de humor repentinamente y no sabes por qué. O quizá te sorprenda ver que mientras tu cuerpo crece a pasos de gigante, tu mente no lo acompaña tan rápido.

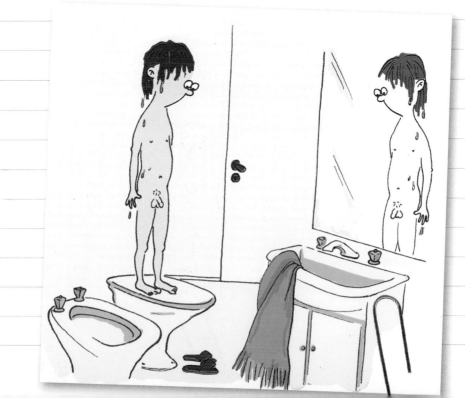

Puede pasar que con ese cuerpote tan desarrollado, sigas teniendo ganas de jugar como un niño. Todo esto es normal. Hay ventajas del ser niño a las que cuesta renunciar así como muchas conquistas en el ser grande que vale la pena probar. Como las aptitudes mentales que te permiten resolver problemas cada vez más complejos y adquirir nuevos conocimientos. Tu mente evoluciona, en la medida en que tu cerebro madura. Tendrás cada vez mayor independencia en todo lo que hagas y sentirás orgullo por tus logros. ¡Cuántos cambios!

A los varones, la voz se les hará más grave, se pondrán más musculosos, se les agrandarán los genitales, tendrán vello púbico, poluciones nocturnas y se insinuará una pelusa que luego se convertirá en barba.

Chico y chica transpirarán más y notarán que los olores corporales se intensifican, cosa que por suerte coincide con un aumento de la coquetería y es un buen motivo para probar desodorantes, ricos perfumes y polvos pédicos. Nos preocupamos por estos temas, primero por la satisfacción personal de vernos atractivos y después por ser agradables para los demás. Porque en esta etapa es importante tener amigos, relacionarse, compartir, hacer vida social y conocer lugares nuevos.

Algo que tendrás que soportar, seas chico o chica, es la aparición de granitos o acné en la cara y a veces en la espalda. Esto ocurre casi siempre, es normal. Lo raro es, justamente, que atravieses la pubertad sin granitos.

"¿Pero por qué? ¡qué horrible! ¡tan sana y tersa que era mi piel y mira ahora!", dirás. Es que las glándulas sebáceas de la piel, siempre a las órdenes de las hormonas que no paran de trabajar, producen más grasa que la que se necesita. Los poros de la piel se hacen como cráteres donde cae toda partícula que anda volando por ahí y el resultado es la cara llena de granitos. La buena noticia es que duran poco. Mientras tanto, si son muchos y se resisten a desaparecer, hay que consultar a un dermatólogo, no apretarlos porque sólo lograrás que la cara te quede peor: inflamada, enrojecida, lastimada o con marcas. Es importante mantener la piel limpia con jabones especiales y cuidarla con lociones y cremas apropiadas. Y evitar las comidas ricas en grasas y azúcares.

Consulta a un dermatólogo

Las chicas también tendrán vello púbico, crecerán sus pechos, se ensancharán sus caderas progresivamente y tendrán su primera menstruación.

Que estos cambios no te tomen por sorpresa. Es posible que cuando consultes, te encuentres con algunos adultos que ya no recuerdan lo que les pasaba a ellos cuando tenían tu edad. También puede ocurrir que algunos amigos o amigas hagan como que se las saben todas y tengan, en realidad, tu misma confusión y dudas. Consultar un libro siempre ayuda.

En lo referente a qué cosa sucede en cada edad, daremos una guía aproximada de los cambios que se producen en ambos sexos, que no serán siempre al mismo tiempo y en todos por igual.

Lo que te sucede es normal y parte de tu desarrollo. ¡Hasta las dificultades son normales a esta edad! Y todos los temas se pueden enfrentar sin vergüenza ni temores. Siempre habrá un amigo o compañero para compartir y un hermano mayor o un adulto cercano en quien confiar.

Las hormonas

Ahora que ya comentamos el panorama general de los grandes cambios de la pubertad, diremos que las hormonas son las responsables de todo esto. La hormona masculina se llama testosterona. Por ella aparece el vello en la cara, un mayor desarrollo de los músculos, la laringe se agranda dando lugar a la "nuez de Adán" y crecen los órganos sexuales.

Por otra parte, los estrógenos y la progesterona intervienen en el crecimiento de los pechos y de los órganos sexuales, así como también en la aparición de la menstruación. Estas no son las únicas hormonas que existen pero sí las únicas que vamos a mencionar en la descripción de la pubertad.

Cuando sea grande...

Si eres una chica...

Entre los 8 y 10 años, salvo excepciones, no hay menstruación ni vello púbico. Al final de esta etapa los pechos podrían empezar a insinuarse como pequeños botoncitos inflados que apenas se destacan. De 11 a 12 años comienza la pubertad. Los pechos siguen un pausado crecimiento y quizá sea el momento de comprar el primer corpiño. Aparecen vellos en las axilas y en el pubis, se ensanchan las caderas y tendrás tu primera menstruación. Es posible que también notes un cambio en tu voz. Entre los 13 y 14 años seguirás creciendo en altura. Te mirarás en el espejo y verás un cuerpo que poco a poco se ha ido torneando para transformarte en una mujercita que aún no ha completado su desarrollo. Seguirás cambiando en los próximos años, cuando ya seas una adolescente.

Los Pechos

Tanto mirarte al espejo y al final, ¡ahí están! Se presentan, al principio, como dos pequeños bultos en donde antes sólo se veía un pezón chato. Una consecuencia de este otro cambio: antes ibas a la playa con una malla que te cubría sólo la parte de abajo y ahora quieres usar una de dos piezas o enteriza porque tus pechos ya se están haciendo notar. Verás en tus amigas y demás mujeres que los pechos tienen diferentes tamaños y formas: pequeños, redondos, en forma de perita, grandes, puntiagudos, altos, enormes, etc.

No importa cómo sean, todos tienen un pezón que es la punta de cada pecho. Es la parte más oscura y sensible y su color variará según el color de tu piel.

¡Bienvenidos los pechos! Pasarán por distintos momentos, según tu edad y contextura física. Al principio apenas se notan debajo de la ropa, más adelante se harán cada vez más redondeados y con mayor volumen y al verlos así, tan lindos, querrás comprarte tu primer corpiño. Que alguien te acompañe a elegirlo. Seguramente, cambiarás la talla y el modelo a medida que crezcas. Tus pechos ya son una parte tuya y te acompañarán para siempre. Poco a poco te acostumbrarás a llevarlos con orgullo y cuando te acostumbres a ellos no te cubrirás con los brazos para taparlos ni te avergonzarás si los pezones se erizan un poco cuando hace frío. Los compararás con otros, tal vez creas que los tuyos crecen muy aprisa o que aún no tienen el aspecto que quisieras.

Hay una "teta-manía" social que hace que algunas chicas, sin esperar el normal desarrollo de sus pechos, quieran hacerse una cirugía para tenerlos grandes ¡ya! No te apures, falta mucho para que alcancen la forma definitiva y seguirán cambiando, como el resto de tu cuerpo. Tener más o menos que otras chicas no te hace mejor ni peor como mujer. Es simplemente, distinto. Acuérdate de las palabras del principio: todos somos parecidos y al mismo tiempo diferentes.

Ahora que están creciendo, notarás que la parte más sensible de los pechos son los pezones. Te dolerán si te apoyas bruscamente sobre ellos o si alguien, jugando, te da un codazo justo ahí. Cuídalos. Y precisamente, por esa sensibilidad que tienen, al tocarlos descubrirás una sensación muy agradable.

Tus pechos, además de la estética y el buen aspecto que le dan a tu cuerpo, tienen una función biológica. Servirán para amamantar si algún día decides tener un bebé. Durante el embarazo y después del parto, las glándulas lactíferas producen leche que sale por el pezón y ese será el primer alimento para el recién nacido.

Mientras tanto notarás que tus pechos, que también son parte de la intimidad de cada una, siempre resultan muy atractivos para los varones. ¿Será porque es lo primero que vieron al nacer que ellos no los olvidaron nunca más?

Músculos pectorales

Ligamentos que sostienen la mama

Lóbulo de glándulas lactíferas

Pezón

El vello

Esta es una etapa en la que aparecen pelos en varias partes del cuerpo. En las axilas, en las piernas, en el pubis y a veces, sobre el labio superior.

Si eres una chica, decidirás, con la ayuda de un adulto, si quieres eliminar el vello y de qué forma. Las cejas y algún pelito suelto se depilan con pinza de depilar y el resto con depiladora eléctrica, máquina de afeitar, crema depilatoria o cera. La depiladora y la maquinita se deslizan sobre la zona a depilar con diferentes resultados: la primera, a veces arranca el pelo de raíz y duele, otras sólo lo corta al ras y eso hace que vuelva a crecer más rápido.

El uso de la cera con sus diferentes sistemas —español a la miel o vegetal, descartable con roll-on o espátula— da un resultado que depende, muchas veces, de la habilidad en la aplicación.

¿CUÁNDO VIENE LA MODA DE VELLOS CRECIDOS?

Igualmente tendrás que cuidarte
en ciertas zonas más sensibles
y donde arrancar el vello
duela más (en las axilas ¡ay!
ni te cuento). También hay
depilaciones definitivas, pero
eso lo verás cuando seas
mayor.

Con los pelos pasa algo
muy distinto entre varones
y mujeres. Mientras alguna
gente cree erróneamente que
"el pelo en pecho" hace más varonil a quien lo lleva,
las mujeres odian ser velludas. Quizá en otros lugares del mundo
no sean tan mal vistas unas axilas femeninas sin depilar. . En
México, por ejemplo, nadie se horrorizaba cuando una mujer no
se depilaba el vello del labio superior, sino fíjate en las fotos y
cuadros de la pintora Frida Kahlo.

Genitales externos

Llamamos genitales femeninos externos a lo que se ve, aunque no a simple vista, ya que no están tan expuestos como los genitales masculinos. Para verlos bien hay que agacharse como una contorsionista o ayudarse con un espejo. La vulva está constituida por los labios mayores, los labios menores y el clítoris, que es una carnosidad eréctil y sensible ubicada en la parte superior de la vulva y encima de la entrada de la vagina. Es un punto que, si lo tocas con delicadeza, proporciona un gran placer.

La vagina mide de diez a quince centímetros, es elástica y comunica al útero con el exterior. En la vagina desemboca la uretra y se emite la orina. Es el órgano que además de recibir al pene en la relación sexual, constituye el canal por donde sale el bebé durante el parto. Tanto la vagina como el clítoris son las partes más sensibles.

¿Por qué se produce la menstruación?

Esquema del Aparato Sexual Femenino

Útero

Ovario con folículo a punto de estallar

Trompa uterina mostrando su cavidad

Ovario seccionado mostrando óvulos

Cuello del útero

Vagina

Labios menores

Labios mayores y vello

Vamos a hablar del ciclo menstrual, que dura cuatro semanas, y de paso veremos cómo está constituido el aparato reproductor femenino. Los ovarios producen los óvulos que cuando están maduros se liberan durante la ovulación. El útero o matriz, que es un órgano hueco donde se aloja el bebé durante los nueve meses que dura la gestación, crece y se prepara. Sus paredes aumentan su grosor durante la ovulación. El óvulo, que es cincuenta veces más grande que la cabeza de un espermatozoide, sale de su bolsa o folículo y baja por el oviducto o Trompa de Falopio. Las Trompas —izquierda y derecha— son órganos tubulares destinados a la captación y traslado del óvulo hacia la cavidad uterina. Si dentro de las 24 a 48 horas el óvulo no es fecundado por un espermatozoide, muere y después de dos semanas se produce la menstruación. Se expulsa sangre por la vagina con tejidos del útero no utilizados y restos del óvulo que tampoco se usó. Este es un ciclo que se repite todos los meses cada veintiocho días, aunque puede variar de una chica a otra.

Quizá al principio tus períodos —también se llama así— sean irregulares. No te preocupes si esto ocurre, te irás acostumbrando a llevar el control de las fechas y verás que poco a poco se irán haciendo cada vez más regulares, tanto en la aparición como en la duración —que puede ser de dos a cinco días—, al igual que en la cantidad de sangre que salga por tu vagina. Las molestias de "esos días", como dicen las publicidades, se superan usando tampones o cualquiera de las muchas variedades de toallas higiénicas que se venden

¡¡UY, ME PARECE QUE ME VINO!!

SÍ, TENGO TAMPONES, YA LOS VOY A ENCONTRAR

NO IMPORTA, DEJA...

en farmacias, perfumerías y supermercados. El tampón se coloca dentro de la vagina, es limpio, práctico y te permitirá hacer un montón de actividades sin molestias.

Quizá tengas algunos ligeros dolores de ovarios cuando "te esté por venir" la primera o las siguientes veces. Cuando estés cerca de la fecha o cuando aún no hayas tenido tu primera menstruación, no te olvides de llevar tampones o toallas en tu mochila, por si te indispones, para solucionarlo rápidamente y no ensuciarte la ropa.

"La nena ya es señorita", dirán en tu casa. "Está con el asunto", o "tiene la regla", comentará una abuela. Esas eran maneras de decir que estabas menstruando. Antes se creía que mientras durara la menstruación, una mujer estaba "enferma", que "cortaba" la mayonesa o que no debía bañarse ni lavarse la cabeza.

Higiene íntima

√ Si estás menstruando, tendrás que higienizarte con mayor frecuencia porque al cabo de unas horas ya no te servirán los protectores.

√ Cuando te limpies después de hacer pis, usa el papel higiénico de adelante hacia atrás, porque al revés podrías arrastrar bacterias del ano hacia tu vagina.

√ Algunos jabones, al igual que las toallas íntimas perfumadas, pueden causar irritación y picazón.

√ Cámbiate la bombacha todos los días.

√ Es conveniente no usar el bidet más de una vez al día. Puedes higienizarte colocándole un tapón y llenándolo de agua como si fuese una pileta.

√ Todo esto contribuirá a que tus genitales estén sanos, pero siempre es bueno tener un ginecólogo o ginecóloga —con quien te sientas más cómoda— a quien consultar y pedirle consejo.

¡Varones!

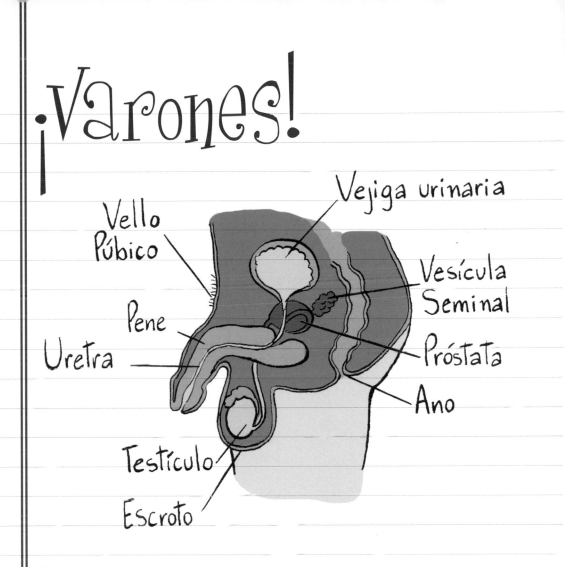

Vello Púbico

Vejiga urinaria

Pene

Vesícula Seminal

Uretra

Próstata

Ano

Testículo

Escroto

Los órganos genitales externos son el pene y los dos testículos. la cabeza o parte extrema del pene se llama glande y está cubierta por una piel móvil que se llama prepucio. En la pubertad, como ya dijimos, se agrandan los genitales: el pene abandona su forma infantil y será cada vez más parecido a lo que es un pene adulto. Corresponde aquí el mismo comentario que hacíamos sobre los pechos. No importa la forma ni el tamaño ni la comparación que hagas con otros. Cada chico tiene su propio desarrollo y tu cuerpo seguirá transformándose en los próximos años.

Seguimos con lo descriptivo: cada uno de los testículos se halla dentro de una bolsa llamada escroto. Los testículos producen millones de espermatozoides a diario. El aparato reproductor masculino está muy unido a las vías urinarias ya que la uretra, en el pene, es un tubo para la orina o el semen. El semen o esperma es un líquido viscoso que transporta los espermatozoides; éstos viajan por conductos deferentes desde los testículos hacia la uretra y se expulsan mediante la eyaculación. Para eyacular es necesario que previamente tengas una erección. Cuando el pene se pone erecto, se endurece y se agranda. Una gran cantidad de sangre se dirige hacia allí, una zona que en esta etapa de tu vida está en plena ebullición. Cuando esto ocurre se produce una tensión que desaparece cuando eyaculas por algún motivo. Y eyaculas, a veces, sin hacer absolutamente nada, otras porque te has masturbado o porque has tenido, en sueños, una polución nocturna.

Una erección puede aparecer en el momento más inoportuno

Una muestra más de que tu cuerpo se prepara para cuando decidas tener relaciones sexuales.

Por el momento, estás en una etapa en la que tu cuerpo te produce sorpresas y nuevas sensaciones. Vas descubriéndote poco a poco. Comprobarás que si piensas en alguien que te gusta, tu cuerpo, más específicamente tu pene, "responde". Tu pene se para y a veces eso sucede en los momentos más inoportunos, como si tuviera vida propia. A veces se para sin ningún motivo aparente. No te avergüences, es normal. Piensa en otra cosa y listo, la erección desaparecerá.

Cuando tienes una erección, el esperma que transporta los espermatozoides se prepara para salir. Mientras tu mente y tu cuerpo no maduren lo suficiente como para tener relaciones sexuales, esas salidas se harán sí o sí.

Poluciones Nocturnas

Hacia los trece o catorce años, empiezan a producirse las poluciones nocturnas. Son descargas involuntarias de semen, mientras duermes. Durante la noche tienes una erección producida quizá por un sueño agradable o alguna sensación placentera que hayas recordado antes de acostarte. Es así como se produce la descarga del semen que se ha venido acumulando y no ha podido salir durante el día. Cuando te despiertes, después de una polución nocturna, encontrarás tus ropas o las sábanas húmedas. Esto también es normal.

Una Tropa ansiosa por salir

Higiene íntima

√ Los varones deben realizar su higiene íntima sobre todo a nivel del glande. Se higieniza la zona, después de retirar el prepucio, para evitar la acumulación de secreciones malolientes. Estas secreciones pueden, si se quedan mucho tiempo bajo esa piel, ser responsables de picazones y malestares.

√ También se transpira mucho en la zona de los testículos, por lo que es conveniente ser cuidadosos y aseados.

La masturbación

Venimos hablando de las nuevas sensaciones, de tu crecimiento y en definitiva de la progresiva maduración de tu sexualidad.

Porque de eso se trata, seas un chico o una chica, la naturaleza está preparando a tu cuerpo para que en el futuro puedas tener relaciones sexuales.

El momento en que eso suceda dependerá de tu evolución y de lo que elijas.

Mientras tanto, si eres varón, comprobarás que si tienes una erección y tocas tus genitales, al rato tendrás una descarga placentera, eso es masturbarse.

Si eres mujer y acaricias tu vagina y el clítoris con los dedos, sentirás una sensación muy agradable. Si lo haces, hazlo suavemente,

trátate con cariño, estás
conociendo y descubriendo
nuevas sensaciones en
zonas delicadas y
sensibles.

Antes se decía que al que
se masturbaba le crecían
pelos en las palmas de
las manos o que se volvía
loco. Eran tiempos en
que se creía que el sexo
estaba sólo para tener
hijos y se castigaba la
masturbación con amenazas o castigos reales. No se consideraba que
el sexo fuera una fuente de placer solitario al que toda persona tiene
derecho. Eran épocas de mucha represión sexual.

Lo cierto es que la masturbación es normal y no te ocasiona ninguna
consecuencia horrible como se creía en otros tiempos. Si alguien te dice
lo contrario es porque repite, sin analizar, comentarios erróneos.

La masturbación es, en realidad, tu primera experiencia sexual. No dejes que nadie te haga sentir culpable. Sólo trata de no lastimarte ni irritarte, es algo para disfrutar. Es un acto íntimo, solitario y tu cuerpo te pertenece. Es algo privado como ir al baño. Nadie lo hace con la puerta abierta.

La masturbación es, en esta etapa, una búsqueda. Es un descubrimiento que comienza con tu propio cuerpo y te produce sensaciones que cuando seas mayor se encaminarán hacia el encuentro con otro u otra.

Cuidarse...

Tu cuerpo es el "envase" con el que andarás por el mundo, una maquinaria que en su interior funciona casi sin que te des cuenta pero, por fuera, verás las distintas transformaciones que aparecen en distintos momentos de tu vida. Ya dijimos que para favorecer un desarrollo sano y apropiado en esta etapa es necesario cuidar el cuerpo con comidas sanas, deportes, higiene y experiencias agradables.

¡UN DOS TRES! ¡UN DOS TRES!

NO PARA MÁS CON LA VIDA SANA

¿VAMOS?

Alimentos

Como te dije, en este proceso de crecimiento, poco a poco estás aprendiendo a cuidarte y serás cada vez más responsable. Por ejemplo, en la escuela, en un cumpleaños, en un campamento o en una casa que no es la tuya donde no están los adultos de tu familia, muchas veces eres tú quien tiene presente qué es lo que te conviene comer o beber.

√ Respeta las cuatro comidas.

√ No comas de más, ni menos de lo que tu cuerpo necesita para funcionar bien.

√ Ten en cuenta que la obesidad, la anorexia y la bulimia son enfermedades que vienen por malos hábitos en la alimentación.

√ Come despacio y disfrutando cada alimento, que el acto de comer es uno de los placeres de la vida.

Recuerdos de alguien que abandonó malos hábitos alimenticios

√ No abuses de las grasas.

√ No te excedas con las golosinas porque, entre otras cosas, te dañarán los dientes.

√ A medida que pruebes alimentos que no conocías, trata de ampliar la lista de tus comidas favoritas.

MI HERMANO ESTÁ AMPLIANDO SUS GUSTOS

Cuidados

√ Evita todo aquello que dañe tu cuerpo.

√ No tomes sol en los horarios peligrosos.

√ Ten cuidado con el fuego, con los aparatos eléctricos y con los objetos cortantes.

√ No te metas en aguas profundas si no sabes nadar.

√ No ingieras sustancias tóxicas ni tomes alcohol, ni fumes, aunque otros lo hagan.

√ No te alejes de los adultos en los lugares desconocidos, ni te acerques a curiosear cuando alguien recomiende alejarse.

√ Presta atención a las señalizaciones, a las alarmas y a las indicaciones que puedan ponerte frente a un posible peligro.

√ No te involucres en situaciones donde haya violencia.

√ Si alguien tuviera una actitud que te avergüenza, te enoja o te fuerza a hacer algo que no quieres, comunícalo enseguida para que algún adulto de confianza pueda ayudarte.

√ Duerme por lo menos ocho horas diarias, como parte del cuidado de tu cuerpo y para encarar el día con buen humor y la mente despejada.

Higiene

√ Báñate y cámbiate la ropa interior todos los días. El agua le hace bien a tu cuerpo. A veces, algunos chicos o chicas protestan o les da un poco de fiaca tener que hacerlo, pero luego disfrutan cuando están envueltos en un toallón afelpado, perfumados, entalcados y fresquitos.

√ Cepíllate bien los dientes después de cada comida. Acuérdate de que los cepillos no cumplen años y hay que renovarlos con frecuencia.

Palabras finales

Esperamos que este libro te haya servido para despejar dudas. Quizá te sirva como punto de partida para consultar otros libros que amplíen tus conocimientos y acompañen tu crecimiento como persona. Comprobarás con los años y la experiencia, que la sexualidad es un tema en el que hay muchos mitos y creencias erróneas, que sólo la correcta información ayuda a corregir. La pubertad es una etapa difícil, sí, pero llena de experiencias agradables que el día de mañana recordarás con nostalgia y ternura.

La autora, Alicia Guzmán, es Licenciada en Psicología (UBA) y docente de niños y adolescentes. Si tienes alguna pregunta o comentario sobre este libro, escríbele a mepasancosas@yahoo.com.ar